Eine kritische Rezension der Studie "Dating-Apps im intersubjektiven Geschehen. Tinder, Grindr und Co. als Optionen der Beziehungsinitiierung" von Völcker et al. (2020)

GRIN ☺

Bibliografische Information der Deutschen Nationalbibliothek:

Die Deutsche Nationalbibliothek verzeichnet diese Publikation in der Deutschen Nationalbibliografie; detaillierte bibliografische Daten sind im Internet über http://dnb.d-nb.de abrufbar.

ISBN: 9783389082775
Dieses Buch ist auch als E-Book erhältlich.

© GRIN Publishing GmbH
Trappentreustraße 1
80339 München

Druck und Bindung: Books on Demand GmbH, Norderstedt Germany
Gedruckt auf säurefreiem Papier aus verantwortungsvollen Quellen

Das vorliegende Werk wurde sorgfältig erarbeitet. Dennoch übernehmen Autoren und Verlag für die Richtigkeit von Angaben, Hinweisen, Links und Ratschlägen sowie eventuelle Druckfehler keine Haftung.

Das Buch bei GRIN: https://www.grin.com/document/1513276

Eine kritische Rezension der Studie „Dating-Apps im intersubjektiven Geschehen. Tinder, Grindr und Co. als Optionen der Beziehungsinitiierung"

Studie:

Völcker, Matthias; Landeck, Sascha; Poltze, Katharina; Schreck, Melanie; Heinemeyer, Denise (2020): Dating-Apps im intersubjektiven Geschehen. Tinder, Grindr und Co. als Optionen der Beziehungsinitiierung. In: ZQF 21 (1), S. 69–85.

Inhaltsverzeichnis

1 Einleitung

Die Netflix-Serie „Der Tinder-Schwindler" erzählt die wahre Geschichte mehrerer Frauen, die einem Liebes-Betrug zum Opfer fielen. Über die Dating-App ‚Tinder' lernten sie einen Mann kennen, der ihnen eine romantische Beziehung vorspielte und sie währenddessen finanziell ausnützte (Mitternacht 2022). Auch Bayerns Justizminister Georg Eisenreich ruft zur Vorsicht auf: Mit der Nutzung von Dating-Plattformen wie Tinder, steige auch die Zahl potentieller Opfer ähnlicher Betrugsmaschen (Bäuml 2023). Die Beliebtheit von webbasierten Dating-Plattformen – darunter Dating-Apps – wächst dennoch. Einer Umfrage zufolge haben bereits ungefähr 23 Prozent aller Deutschen Dating-Plattformen genutzt, woraus sich in etwa der Hälfte der Fälle eine romantische oder sexuelle Beziehung ergab. Nur von Freunden und Verwandten werden Partner*innen heutzutage häufiger vermittelt (Harms 2024). Im Allgemeinen eröffnen Digitalisierung und Entwicklung der Smartphone-Technologie neue Möglichkeiten, Sozialbeziehungen zu initiieren und/oder zu pflegen. Nutzer*innen können beispielsweise mithilfe von Textnachrichten und Telefonaten miteinander kommunizieren, oder eben auf Dating-Apps Partner*innen suchen und finden (Völcker et al. 2020, S. 69–70).

Das dortige kommunikative Geschehen untersuchen Völcker et al. (2020) in der Interviewstudie „Dating-Apps im intersubjektiven Geschehen. Tinder, Grindr und Co. als Optionen der Beziehungsinitiierung". Sie nimmt Nutzungsmotive wie auch Selektions- und Konversationsprozesse von Dating-Apps in den Blick. Die Studie soll in dieser Arbeit rezensiert werden. Hierfür wird sie zuerst zusammengefasst. Im Anschluss soll ihre Themensetzung, methodisch-methodologische Herangehensweise, Ergebnisdarstellung- und Qualität kritisch beleuchtet werden. Hierfür werden insbesondere die Gütekriterien ‚Originalität und Relevanz', ‚Gegenstandsangemessenheit und Offenheit', ‚empirische Sättigung' und ‚intersubjektive Nachvollziehbarkeit' herangezogen, bevor forschungsethische Aspekte betrachtet werden. Im Fazit erfolgt eine Abwägung der größten Stärken und Schwächen.

2 Vorstellung der Studie

Die Studie erscheint als Beitrag in der peer-reviewten Zeitschrift für Qualitative Forschung (ZQF). Das fünfköpfige Autor*innenteam wird angeführt von Matthias Völcker, promovierter Sozialwissenschaftler und Mitarbeiter am Institut für Erziehungswissenschaft der Georg-August-Universität Göttingen. Seine Co-Autor*innen sind Katharina Poltze (M.A. Erziehungswissenschaften), Sascha Landeck (MA. Ed.), Melanie Schreck (B.A.

Sozialwissenschaften) und Denise Heinemeyer (B.A. Sozialwissenschaften) (Schmidt-Lux und Wohlrab-Sahr 2020). Im Folgenden wird die Studie von Völcker et al. vorgestellt und in ihren Grundzügen zusammengefasst. Falls nötig, wird ihr Inhalt in der darauffolgenden Rezension teilweise erneut aufgegriffen und expliziert.

Forschungsstand und Forschungsfrage

Zu Beginn skizzieren Völcker et al. den Forschungsstand zu Dating-Apps und identifizieren eine Forschungslücke (DIG, S. 70-72)[1]: Mit der Ausbreitung des Internets werden analoge Angebote der Beziehungsvermittlung (z.b. Zeitungsanzeigen) von online-Angeboten abgelöst. In den 2010er Jahren entwickeln sich schließlich Smartphone-Apps zu der beliebtesten Form von internetbasierten Dating-Plattformen. Sie zeichnen sich vor allem dadurch aus, dass ort- und zeitunabhängig relativ niedrigschwellige und multimediale Konversationen initiiert werden können. Daraus entstehen Beziehung, welche durch ihre Kurzweiligkeit und Oberflächlichkeit in der Literatur häufig als symptomatisch für die liquide Moderne im Sinne Zygmunt Baumans gewertet werden. Eine solche einseitige Einordnung weisen Völcker et al. zurück, in empirischer Forschung zeichne sich die Nutzung von Dating-Apps nämlich als deutlich komplexeres und vielseitigeres Phänomen ab. Studien untersuchen beispielsweise unterschiedliche Nutzungspraktiken- und Motive, Selektions- und Auswahlprozesse sowie Herausforderungen auf Dating-Apps. Zugleich fehlen noch konkrete Erkenntnisse zu „Initiierung, Gestaltung und Entwicklung kommunikativer Prozesse" (DIG, S. 72). Die Autor*innen möchten dazu beitragen, diese Forschungslücke zu füllen.

Methodologie und Methode

Völcker et al. befragen zwanzig Nutzer*innen unterschiedlicher Dating-Apps im Alter von 17 bis 20 Jahren (DIG, S. 70). Sie wählen hierzu das ‚verstehende Interview' nach Kaufmann, ein leitfadengestütztes Interview, welches für die narrativen Relevanzsetzungen der Befragten besonders offen sein soll (DIG, S. 73). Den gesamten Forschungsprozess gestalten sie iterativ-zyklisch nach der Grounded Theory Methodology (GTM). Im Sinne des ‚theoretischen Samplings' befragen sie zuerst Personen, welche ausschließlich die App Tinder verwenden, bevor sie ihren Kandidat*innenpool öffnen (DIG, S. 73). Sie geben an, die Interviewtranskripte

---

[1] Aus praktischen Gründen soll die rezensierte Studie von hier an mit der Buchstabenfolge DIG („Dating-Apps im intersubjektiven Geschehen") abgekürzt und entsprechend zitiert werden.

mit ‚offenem, selektiven und axialen Kodieren' auszuwerten und mithilfe von Memos und sensibilisierenden Konzepten zusammenhängende Kategorien und Konzepte zu bilden (DIG, S. 73-74).

Forschungsergebnisse

Die Interviewten berichten von unterschiedlichen Motiven, weshalb sie Dating-Apps verwenden (DIG, S. 75). In einem „Pre-Face-to-Face Geschehen" (DIG, S. 70) wählen sie andere Nutzer*innen aus, mit denen eine Kommunikation begonnen wird. Profile und Profilbilder dienen hierbei als Medium für Selbstdarstellung und Impression Management (DIG, S. 76-77) sowie als Selektionskriterium (DIG, S. 77-79). In der „Initiationsphase" (DIG, S. 79-80) des Gesprächs findet in der Regel ein erstes kommunikatives ‚Abtasten' statt. Wenn von Beginn an eine sexuelle Begegnung beabsichtig ist, wird dabei auf typische Kennenlernkonversationen verzichtet. Im Anschluss erfolgt die „Intensivierung und Integration" (DIG, S. 80-82) der Kommunikation, indem sich die Gesprächspartner*innen besser kennenlernen und der kommunikative Austausch persönlicher wird. Sind Beide an einer engeren Beziehung jeglicher Art interessiert, führen sie das Gespräch meist auf anderen Plattformen fort.

Fazit und Implikationen

Zusammenfassend beschreiben Völcker et al. eine Dating-App als „Mediator" (DIG, S. 82), welcher menschliche Beziehungen kommunikativ vermittelt. Sie erlaube Nutzenden, mit ausgewählten Personen im Internet ein Gespräch zu beginnen und eine Beziehung zu entfalten. Eine solche Online-Beziehung unterscheide sich dennoch maßgeblich von einer analogen Beziehung, auf die sie lediglich vorbereiten kann. Die Autor*innen fordern dazu auf, die kommunikative Beziehungsinitiation im Online-Raum weiter zu erforschen. Hierfür können auch Chats und Dating-Profile analysiert werden (DIG, S. 82-83).

3 Rezension

Für quantitative Studien gängige Bewertungsmaßstäbe wie Objektivität, Validität und Reliabilität sind nur begrenzt mit den Anfordernissen qualitativer Forschung vereinbar. Deshalb, argumentiert Ines Steinke (2010), werden eigene Kriterien zur Bewertung empirischer Studien benötigt, um beispielsweise Willkürlichkeit und Beliebigkeit erkennen zu können. Hierfür stellt sie eine Auswahl an weitgefassten Kernkriterien vor. Zur Beurteilung einer Studie können die Gütekriterien dem jeweiligen Forschungsprojekt angemessen ausgewählt, modifiziert und ergänzt werden (Steinke 2010, S. 324). Mit ähnlicher Intention formulieren auch Strübing et al. (2018) einen Katalog konkreter Kriterien aus.

In dieser Rezension wir sich an den von Steinke und Strübing et al. definierten Gütekriterien orientiert. Es stehen diejenigen Kriterien verstärkt im Fokus, die sich im Laufe des Beurteilungsprozesses als geeignet erwiesen haben, einen nachvollziehbaren Überblick über die prägnantesten Stärken und Schwächen der Studie von Völcker et al. bieten zu können. Zusätzlich sollen forschungsethische Aspekte beleuchtet werden.

3.1 Relevanz und Originalität

Die *Relevanz* einer Studie ist sichergestellt, wenn sie einer bedeutsamen Forschungsfrage nachgeht und einen nennenswerten Beitrag zur theoretischen Debatte leistet (Steinke 2010, S. 330). Ein solcher Erkenntnisgewinn ist wiederum Voraussetzung für die *Originalität* von Forschungsleistungen. Um diese Voraussetzung zu erfüllen, sollen Wissenschaftler*innen Erkenntnisse erbringen, die das Alltagsverständnis des Forschungsgegenstandes hinterfragen und herausfordern. Auch soll an den Forschungsstand angeschlossen werden, indem Lücken identifiziert und gefüllt werden (Strübing et al. 2018, S. 94–96).

Apps sind mittlerweile für viele Menschen fester Bestandteil des Dating-Prozesses. Deshalb ist die Erforschung kommunikativer Praktiken auf Dating-Apps durchaus relevant. Das Autor*innenteam gibt an, an der „intersubjektiven Bedeutsamkeit von Dating-Apps" (DIG, S. 70) interessiert zu sein. Bereits durchgeführt Studien würden sich mit den Gründen, Praktiken und Herausforderungen der Nutzung der Applikationen, wie auch Auswahlprozessen auseinandersetzen (DIG, S. 72). „Gleichwohl können in der Erforschung solcher Apps und verbundener Praktiken Leerstellen identifiziert werden, etwa im Rahmen von Initiierung, Gestaltung und Entwicklung kommunikativer Prozesse" (DIG, S. 72). Mit der Identifikation dieser Forschungslücke ebnen sich Völcker et al. theoretisch den Weg, eine originelle Forschungsfrage zu definieren. Praktisch bleiben sie jedoch hinter dieser Erwartung zurück. Nachdem sie Forschungsbedarf zu bisherigen Randthemen aufzeigen, formulieren sie stattdessen folgendes, eher unspezifisches Vorhaben:

> Weiterführend zu erforschen wäre hier, wie im technologisch induzierten Geschehen Eindrücke intendiert werden, wie andere Nutzer*innen ausgewählt, v.a. aber, wie kommunikative Prozesse initiiert und gestaltet werden. *Diese Fragen und die Suche nach empirisch fundierten Antworten*

standen im Zentrum vorliegender empirischer Forschung (DIG, S. 72; Hervorhebung im Original).

Für die Lesenden bleibt zunächst uneindeutig, für welche konkreten Fragen empirische Antworten gesucht werden. Das wird erst in der Ergebnisdarstellung ersichtlich, wo ein breitgefächerter Untersuchungsgegenstand präsentiert wird. Dieser umfasst letztendlich auch Motive zur App-Nutzung und zu Auswahlprozessen von Kommunikationspartner*innen, obwohl nach eigenen Angaben der Forschenden hierzu bereits einige empirische Studien vorliegen. Eine eindeutige Definition des Forschungsvorhabens wäre wünschenswert gewesen, um Unklarheiten im Leseverlauf zu vermeiden (siehe Kapitel 3.4 Intersubjektive Nachvollziehbarkeit). Ferner wäre die Fokussierung auf die zuvor eigens aufgezeigte Forschungslücke von Vorteil gewesen. Auf diese Weise hätte eine genuin originelle Forschungsfrage bearbeitet werden können. Von einer solchen Eingrenzung kann wiederum die Qualität der Ergebnisse profitieren, da sich die Forschenden mit ungeteilter Aufmerksamkeit der empirisch-fundierten Theoriebildung zu einem konkreten Thema widmen können. So wird es wahrscheinlicher, dass Ergebnisse nicht nur einen empirisch-deskriptiven, sondern auch theoretisch-analytischen Beitrag leisten. Völcker et al. gelingt Letzteres nur ansatzweise (für eine detaillierte Ausführung siehe Kapitel 3.3 Empirische Sättigung). Die Originalität des Beitrages lässt sich zusammenfassend nicht nur in Hinblick auf die Neuartigkeit, sondern auch auf die Qualität der Ergebnisse kritisieren. Deshalb kann grundsätzlich angefochten werden, ob die generierten Erkenntnisse das Alltagswissen zu Dating-App Nutzung wissenschaftlich bereichern, untermauern oder herausfordern können.

3.2 Gegenstandsangemessenheit und Offenheit

Im engeren Sinne meint *Gegenstandsangemessenheit* die „Passungsanforderung der Methodenwahl für ein spezifisches empirisches Phänomen" (Strübing et al. 2018, S. 86). Im weiteren Sinne sollten die methodische Herangehensweise als auch Forschungsfrage, theoretische Rahmung, ausgewählte Datentypen und der konkrete empirische Fall in gegenseitigem Einklang stehen und reflexiv-prozesshaft aufeinander abgestimmt werden. Dabei soll jederzeit eine *Offenheit* gegenüber der Sinnstruktur des Untersuchungsfeldes angestrebt werden (Strübing et al. 2018, S. 86–88). Subjektive Perspektiven der Beforschten sollen sich entfalten können (Steinke 2010, S. 327).

Es liegt noch wenig empirische Forschung zu Kommunikation auf Dating-Apps vor (DIG, S. 72). Im Interesse der Autor*innen sind deshalb keine Fragen der Verteilung und Repräsentation, welche für einen quantitativen Ansatz sprechen würde (Steinke 2010, S. 326–327). Stattdessen zielen sie folgerichtig auf die Generierung und Integration von Hypothesen und Kategorien ab (DIG, S. 72-73) und entscheiden sich, hierfür dem ‚Forschungsstil' der Grounded Theory Methodology nachzugehen (zur GTM siehe beispielsweise Strübing 2014). Der für die GTM typische iterativ-zyklische Wechsel zwischen induktiver und deduktiver Forschungshaltung ist prinzipiell ein erfolgsversprechender Weg in Richtung empirischer Verankerung (siehe hierzu Kapitel 3.3 Empirische Sättigung).

Die Grounded Theory arbeitet mit einem „reduzierten Methodenbegriff" (Strübing et al. 2018, S. 87), denn sie gibt nur wenige konkrete methodische Schritte (z.B. Kodierung) vor. Folglich ist sie offen für unterschiedliche Erhebungsmethoden und Datentypen. Das lässt Völcker et al. die nötige Freiheit für die angemessene Wahl der Erhebungsinstrumente. Hier nutzen sie verstehende Interviews nach Kaufman, die mithilfe eines flexiblen Leitfadens Offenheit gegenüber den Relevanzstrukturen der Interviewten ermöglichen sollen (DIG, S. 73). Angesichts des Forschungsinteresses kann jedoch nicht mit Sicherheit angenommen werden, dass diese uneingeschränkt entfaltet werden können. Stattdessen ist zu erwarten, dass das Thema der Sexualität in Konversationen hemmend wirkt und die Antwortqualität so beeinflusst wird. Diese Möglichkeit sollte bei der Auswertung der Daten berücksichtigt werden. Dem geht die Reflexion über die eigene Position in der Befragung, potentielle Machtgefälle und Merkmalsunterschiede, wie auch über die Vertrauensbeziehung zu den Befragten voraus. In der Studie von Völcker et al. finden sich keine Anzeichen einer solchen reflektierten Subjektivität (Steinke 2010, S. 330–331). Damit bleibt undurchsichtig, ob mögliche Interviewer*inneneffekte mitgedacht wurden. Veranschaulichend ist beispielsweise denkbar, ein schwuler Mann habe Hemmungen, mit heterosexuellen Männern über seine Sexualität zu reden. Daraus ließe sich für die zukünftige Zuweisung von Befragenden lernen. Die GTM erlaubt eine solche Reflektivität und Anpassung. Deshalb – und aufgrund der empirisch-fundierten Theoriebildung – eignet sie sich hervorragend für die qualitative Untersuchung von Völcker et al. Die grundsätzliche Herangehensweise der Forscher*innen ist folglich zweifelsfrei angemessen, wenn auch Potentiale ungenutzt bleiben. Darauf wird im nächsten Kapitel zurückgekommen.

3.3 Empirische Sättigung

Die Ergebnisse einer qualitativen Studie sollten mit ausreichend Datenmaterial unterfüttert werden, welches den Forschungsgegenstand in seinen unterschiedlichen Facetten durchleuchtet. Für eine solche *empirische Sättigung* muss ein geeigneter Einstieg zum Feld gefunden sowie Vertrauensziehungen zu den Beforschten hergestellt werden, sodass ein authentischer Einblick gelingt. Ein aussagekräftiger Datenkorpus, bestehend aus unterschiedlichen Datentypen und vielfältigen empirischen Fällen, muss anschließend bei seiner Auswertung analytisch durchdrungen werden (Strübing et al. 2018, S. 88–90). Kodifizierte Verfahren wie die Grounded Theory eignen sich besonders für die empirische Verankerung von Studienergebnissen, indem sie eine methodologische ‚Schablone' für die Erfüllung der eben genannten Voraussetzungen anbieten (Steinke 2010, S. 328–329). Die entwickelten theoretischen Ansätze sollten bei ihrer Darstellung schließlich kohärent sein (Steinke 2010, S. 330) und mit empirischen Verweisen untermauert werden (Steinke 2010, S. 328).

Völcker et al. streben an, Regelmäßigkeiten in den Datenmaterialien zu identifizieren, um sie auf einer theoretischen Ebene zu abstrahieren, kategorisieren und in Verbindung zu setzen (DIG, S. 74). Idealerweise benötigen sie hierfür verlässliche, ergiebige und heterogene Daten. Wie bereits beschrieben (siehe Kapitel 3.2 Gegenstandsangemessenheit und Offenheit), reflektieren Völcker et al. nicht die Beziehung zwischen Interviewenden und Interviewten. Es ist deshalb schwierig einzuschätzen, ob eine vertrauliche Atmosphäre hergestellt werden konnte, die zu Authentizität und Ausführlichkeit von Aussagen ermutigt. Die Qualität der Daten bleibt also intransparent. Zur Datenpluralität geben die Autorinnen dagegen an, sich auf Erzählungen beschränkt zu haben. Aufgrund dessen schlagen sie vor, in anknüpfenden Untersuchungen non-reaktive Bild- und Nutzungsdaten zu berücksichtigen (DIG, S. 83). Eine Beschränkung auf Interviewdaten erscheint zwecks Umfangs der Studie angemessen, denn schließlich wird sie als 17-seitiger Zeitschriftenbeitrag veröffentlicht. Auf die Einseitigkeit der Datentypen wird außerdem sinnvollerweise hingewiesen. Das erlaubt den Lesenden, sie bei der Interpretation der Ergebnisse mitzudenken und ihre Implikationen für den theoretischen „Geltungsbereich" (Steinke 2010, S. 329) einzuschätzen.

Die Analyse der erhobenen Daten beschreiben die Autor*innen wie folgt:

Fundstellen wurden lokalisiert, mit Kodes [sic!], also inhaltlichen Beschreibungen, Benennungen bzw. (typisierenden) Sprachausdrücken versehen, die anschließend zu Konzepten und in Form von Memos zusammengefasst wurden und die Bildung von ersten Arbeitshypothesen und auch von Konzepten erlaubten. Diese wurden durch Erhebung und Hinzuziehen weitere Interviews immer weiter verfeinert, aber auch irritiert, verworfen oder modifiziert, erweitert, kontrastiert, teilweise bzw. vollumfänglich auch revidiert und Teilergebnisse immer weiter verdichtet (DIG, S. 74).

Der Textausschnitt abstrahiert den iterativ-zyklischen Prozess, in dem einzelne Arbeitsschritte (Datenerhebung, Datenauswertung und Theoriebildung) nicht nacheinander abgearbeitet werden, sondern wechselseitig ineinandergreifen. Der dreistufige Kodierprozess der GTM veranlasst die Forschenden, „sich *én détail* mit dem Material auseinanderzusetzen" (Strübing et al. 2018, S. 90; Hervorhebung im Original). Anschließend erlaubt das theoretische Sampling die Nacherhebung von Empirie, welche den bisherigen Datenkorpus und die draus gewonnenen theoretischen Hypothesen ergänzt. Es lässt sich erneut konkludieren: Die Werkzeuge und Prinzipien der GTM bieten sehr gute Voraussetzungen für die intensive Analyse von Daten und die schrittweise Ausarbeitung einer empirisch fundierten, breiten und kohärenten Theorie.

An diese Voraussetzungen knüpfen Völcker et al. jedoch nur teilweise an. Zu Beginn der Ergebnisvorstellung gehen sie auf die Motive für die Auswahl und Nutzung von Dating-Apps ein. Dabei gleicht ihre Darstellung einer größtenteils undetaillierten Beschreibung. Beispielsweise erklären sie die Verwendung von Dating-Apps mit „intrapsychischen wie intersubjektiven Bedürfnissen […], die sich z.T. überschneiden" (DIG, S. 75). Was damit genau gemeint ist, wird der Interpretation der Lesenden überlassen. In demselben Kapitel findet sich außerdem kein einziger empirischer Verweis. Somit unterscheidet es sich deutlich von den nachfolgenden Kapiteln, die genügend bis unübersichtlich-viele Zitate aufweisen. Als Konsequenz bleiben die ausgearbeiteten theoretischen Konzepte dort unscheinbar. Erst nach mehrfachen Lesen wird erkennbar, dass Völcker et al. Bilder als entscheidende Bedeutungsträger in Selektions- und Darstellungspraktiken konzeptualisieren (DIG, S. 76-79). Am Ende gelingt ihnen schließlich die Ergebnisdarstellung: Sie theoretisieren den Kommunikationsverlauf auf Dating-Apps nachvollziehbar als zweigeteilt. Auf die „a) Initiationsphase" (DIG, S. 79) folgt „b) Intensivierung und Integration" (DIG, S. 80) von Konversationen. Die Initiationsphase könne außerdem zwei unterschiedliche Verlaufsmöglichkeiten aufweisen. Gespräche, die auf romantische oder freundschaftliche

Beziehungen abzielen, sind zu Beginn relativ verhalten und oberflächlich. „Kontrastierend stehen hierzu initiierende Kommunikationshandlungen, die die Nutzung solcher Apps vordergründig mit Motiven sexueller Begegnungen begründen" (DIG, S. 79-80). Hier zeigt sich vorbildhaft, wie sich Fallkontrastierung während Datenerhebung und Auswertung später auf theoretische Komplexität auswirken kann. Zuletzt sei anzumerken, dass die Ergebnisse der Studie keine unplausiblen Widersprüche beinhalten, also kohärent sind.

3.4 Intersubjektive Nachvollziehbarkeit

Intersubjektive Nachvollziehbarkeit kann als „Kernkriterium" (Steinke 2010, S. 324) zur Beurteilung qualitativer Forschung verwendet werden. Denn erst wenn das Vorhaben und Vorgehen der Forschenden für Außenstehende gänzlich nachvollziehbar wird, lassen sich Forschungsergebnisse richtig deuten sowie weitere Bewertungsmaßstäbe anlegen (Steinke 2010, S. 324–326).

3.4.1 Dokumentation des Forschungsprozesses

Es wurde bereits berichtet, dass Völcker et al. die klare Definition einer Forschungsfrage auslassen (siehe Kapitel 3.1 Relevanz und Originalität). Der konkrete Zweck ihrer Untersuchung ist somit uneindeutig. Um intersubjektive Nachvollziehbarkeit herzustellen, sollte außerdem der Forschungsprozess möglichst facettenreich dokumentiert werden (Steinke 2010, S. 324–325). Sogenannte kodifizierte Verfahren vereinheitlichen methodisches Vorgehen und ermöglichen so intersubjektive Nachvollziehbarkeit unter Forschenden, ohne dass einzelne Arbeitsschritte gründlich erläutert werden müssen (Steinke 2010, S. 326).

Völcker et al. beschreiben verstehende Interviews nach Kaufmann relativ ausführlich als leitfadengestützte Interviewform, die besonders offen für die thematische Schwerpunktsetzung der Interviewten sei (DIG, S. 73). Zudem erklären sie detailliert, wie im iterativ-zyklischen Vorgehen der GTM theoretisches Sampling, Kodieren und Memoing die Bildung von theoretischen Konzepten ermöglicht (DIG, S. 73-74). Im Konkreten geben sie nur an, zuerst Nutzer*innen der App Tinder befragt zu haben, bevor sie das Sample strategisch für weitere Plattformen öffneten (DIG, S. 73). Bedauerlicherweise bleibt die Beschreibung des methodischen Vorgehens insgesamt sehr abstrakt. Das verleiht dem Methodenteil der Studie einen Lehrbuchcharakter, der angesichts des Zielpublikums unangemessen scheint. Es kann nämlich davon ausgegangen werden, dass die Lesenden der Zeitschrift für qualitative Forschung bereits mit den verwendeten Verfahren, insbesondere der kodifizierten GTM, zumindest in ihren Grundzügen vertraut sind. Interessant wäre dagegen eine häufigere Ausführung dessen, wie nicht nur das theoretische Sampling, sondern auch die anderen methodologischen Konzepte der GTM im Licht der individuellen Anfordernissen des Forschungsgegenstandes und des Forschungsfeldes praktisch umgesetzt wurden. Beispielhaft für die misslungene Priorisierung abstrakter Umschreibungen ist des Weiteren die Textstelle, in welcher Völcker et al. auf die Bedeutung von sensibilisierenden Konzepten und Vorerfahrungen hinweisen, ohne zu spezifizieren, welche in der eigenen Datenauswertung eine tragende Rolle gespielt haben (DIG, S. 74).

Die Autor*innen dokumentieren ihr methodisches Vorgehen also ausführlich jedoch zugleich unkonkret. Außerdem liefern sie nur wenige Informationen zum Sample, die sich die Lesenden mühsam zusammensuchen müssen. In der Einleitung steht das Alter der Befragten (DIG, S. 70), geschlechtliche Unterschiede werden in den Pseudonymen erkennbar (zum Beispiel DIG, S. 76), über sexuelle Orientierung lässt sich nur mutmaßen. Im Methodenteil wird lediglich erwähnt, dass zuerst Nutzer*innen der App Tinder befragt wurden, als ein „Bedarf an weiterführenden Materialitäten erkennbar wurde, da Nutzer*innen z.T. mehrere Apps mit verschiedenen Motiven parallel verwendeten" (DIG, S. 73). Um welche Apps es sich hier handelt, wird zum ersten und letzten Mal zu Beginn der Ergebnisvorstellung aufgeführt. Neben Dating Websites wie ‚Parship', ‚Elitepartner' und ‚PlanetRomeo' verwenden die Befragten demnach die Dating-Applikationen ‚Lovoo' und ‚Grindr' (DIG, S. 75). Eine genauere Einordnung der unterschiedlichen Plattformen nehmen Völcker et al. nicht vor, obwohl die Apps zum Teil sehr unterschiedliche Addressat*innen haben. So ist Tinder für ein sehr breites Spektrum an Nutzenden konzipiert, Grindr dagegen hauptsächlich für Männer, die kurzlebigen sexuellen Austausch mit anderen Männern suchen[2]. Für die intersubjektive Nachvollziehbarkeit der Studie wäre also die explizite Vorstellung der Befragten sowie der jeweils verwendeten Dating-Apps hilfreich gewesen. Im Allgemeinen bleibt es ansonsten schwierig einzuschätzen, für welche Personengruppen Ergebnisse gelten, welche Limitationen (Steinke 2010, S. 329–330) sie also aufweisen. Im Konkreten bleiben einzelne Ergebnisse schwer einzuordnen. Zum Beispiel sei die Art der kommunikativen Initiation maßgebend abhängig davon, ob nach einer eher romantischen oder vordergründig sexuellen Beziehung gesucht wird (DIG, S. 79-80). In diesem Kontext beschreibt Interviewee Thomas, wie er sich zu Geschlechtsverkehr verabredet (DIG, S. 80). Für die Lesenden liegt die Schlussfolgerung nahe, Thomas sei ein schwuler Mann

---

[2] Für einen eigenen Eindruck siehe die Website von Grindr (im Literaturverzeichnis aufgeführt unter Grindr 2024).

und beziehe sich auf die Nutzung von Grindr. Um diese Einschätzung zu bestätigen, fehlen jedoch die relevanten Hintergrundinformationen.

3.4.2 Textuelle Performanz

Nach Strübing et al. (2018) ist sprachliche Ausdrucksfähigkeit eine Grundvoraussetzung für intersubjektive Nachvollziehbarkeit. In diesem Sinne bewertet sein Gütekriterium der *textuellen Performanz* unter anderem, inwiefern Forschungsarbeiten verständlich präsentiert werden. Das umfasst einerseits die nachvollziehbare Darlegung von Interpretationen und Schlussziehungen auf einer konzeptionellen-planerischen Ebene, andererseits die notwendigen Schreibfähigkeiten. Im vorherigen Unterkapitel (3.4.1 Dokumentation des Forschungsprozesses) wurde bereits ausgeführt, wie Völcker et al. bedeutungstragende Informationen auslassen. Im Anschluss hieran sollen ausschließlich sprachliche Aspekte beleuchtet werden, welche die Lektüre der Studie stören.

Neben fehlerhafter bzw. unpassender Kommasetzung (beispielsweise DIG, S. 73, Absatz 1, Z. 2 & Z. 17; S. 74, Absatz 4, Z. 4-5)[3], erschweren unübersichtlich-komplexe Satzgefüge das Lesen der Studie (beispielsweise DIG, S. 73, Absatz 1, Z. 14-20; S. 76, Absatz 2, Z. 16-22; S. 80, Absatz 2, Z. 1-5). Außerdem integrieren die Autor*innen oftmals direkte Zitate von Befragten in eigene Sätze und missachten dabei grundlegende Syntaxregeln (beispielsweise DIG, S. 77, Absatz 1, Z. 8-11; S. 78, Absatz 1, Z. 7-10 & Z. 13-15). Dies wird exemplarisch an folgender Textstelle deutlich. Befragte berichten von dem Wechsel auf Messenger-Dienste, um dort die Kommunikation mit ‚Matches' in einem persönlicheren Rahmen fortzuführen:

> Dieser Wechsel kann mit Steigerungen der Kontakthäufigkeit einhergehen, weil „auf WhatsApp is es halt einfach is halt irgendwie anders […] is n anderes Gefühl" (Isabella, Z. 526–528), aber auch zum Abbruch kommunikativer Handlungen führen, „sag ich mal Facebook oder WhatsApp gewechselt hast gibts halt auch so Sachen da hat das bei Lovoo wunderbar funktioniert mitm schreiben aber wennde dann auf Facebook oder WhatsApp gegangen bist dann isses weniger geworden" (Christiana, Z. 264–266) (DIG, S. 81).

Der Satz wird erst nach mehrmaligem aufmerksamem Lesen verständlich. Durch den Einschub der zwei direkten Zitate wird der Satzbau irreführend und schwer verständlich. Welchen

---

[3] In diesem Kapitel werden zusätzlich zur Seitenzahl die Absätze und dortige Zeilennummern angegeben, damit zitierte Textstellen korrekt identifiziert werden können.

Transkriptionsregeln die Autor*innen gefolgt sind und weshalb, erfahren die Lesenden nicht. Jedenfalls sind die ausgewählten Transkriptstellen ungeglättet, denn sie enthalten Ausdrücke und Wiederholungen, die keine Bedeutungen tragen. Beides stört den Lesefluss maßgeblich. Die eigentliche Aussage des zugrundeliegenden Satzes („Dieser Wechsel kann mit Steigerungen der Kontakthäufigkeit einhergehen, aber auch zum Abbruch kommunikativer Handlungen führen") bleibt verborgen. Techniken wie die Aufteilung von langen Sätzen, das Glätten und Einrücken direkter Zitate sowie die indirekte Zitation von Befragten wären hier angemessen gewesen.

3.5 Forschungsethik

Zum Abschluss sollen forschungsethische Aspekte beleuchtet werden. Weder Steinke (2010), noch Strübing et al. (2018) führen Forschungsethik als Gütekriterium qualitativer Sozialforschung auf. Forschung kann jedoch für Teilnehmende weitreichende Konsequenzen mitführen. Um Schaden an Teilnehmenden zu vermeiden, sollten forschungsethische Grundsätze eingehalten werden. Für die qualitative Sozialforschung sind hier unter anderem Vertraulichkeit und Anonymisierung, Integrität und Schadensvermeidung sowie das informierte Einverständnis zu nennen (Unger 2014). Forschende sollten ihr Handeln im Hinblick auf solche Prinzipien ständig überdenken. Ebendieser Prozess kann als ‚forschungsethische Reflexivität' bezeichnet werden (Unger 2018, S. 682–683). Sensible Themen verlangen dabei nach einer besonders intensiven forschungsethischen Reflektivität. Stehen wie bei Völcker et al. Sexualität und Intimität im Erkenntnisinteresse der Wissenschaftler*innen, sollte insbesondere die Beziehung zwischen Forschenden und Teilnehmenden (in etwa ungleiche Machtverhältnisse) und langfristige Konsequenzen für die Befragten bedacht werden (Langer 2014).

Das Autor*innenteam um Matthias Völcker dokumentiert in ihrer Studie keinerlei forschungsethische Erwägungen. Somit lässt sich nur darauf vertrauen, dass es sich beispielsweise bei den Namen der Interviewten um Pseudonyme handelt und informierte Einwilligungen eingeholt wurden. Die Autor*innen begründen ebenso wenig, weshalb sie sich entschieden haben, auch mit Minderjährigen zu sprechen (DIG, S. 70). Die Befragung von unter 18-Jährigen durch Erwachsene kann nämlich durchaus problematisch sein, insbesondere wenn romantische und sexuelle Beziehungen thematisiert werden. Insgesamt finden sich keine Hinweise darauf, ob sie die Beziehung zwischen Fragenden und Befragten reflektiert haben. Das wäre angemessen gewesen, denn ein Interview zum Thema Kommunikation auf Dating-

Apps kann ein Eindringen in die Intimsphäre bedeuten. Nicht ausschließlich, doch insbesondere wenn nicht-heteronormative sexuelle Orientierungen und abweichende sexuelle Praktiken Thema werden, kann es Gefühle von Unbehagen und Scham auslösen. Wie bereits ausgeführt (siehe Kapitel 3.4.1 Dokumentation des Forschungsprozesses), ist Interviewee Thomas vermutlich ein schwuler Mann, der nach sexuellen Begegnungen auf Grindr sucht. Er gibt explizit an, keinen Fetisch zu haben und das vor möglichen Treffen deutlich zu machen (DIG, S. 80). In ebensolchen Interviewsituationen sollte beachtet werden, dass die Befragten sich jederzeit wohl fühlen und nur das preisgeben, was sie möchten. Forschende und Befragte befinden sich nämlich in einem ungleichen Machtverhältnis, das die Überschreitung persönlicher Grenzen provozieren kann. Um Schäden solcher Art zu vermeiden, sollte der gesamte Forschungsprozess von forschungsethischer Reflektivität begleitet werden. Ferner kann die Dokumentation und Reflexion der Forschungsbeziehungen bei der Interpretation der erhobenen Daten helfen (siehe Kapitel 3.3 Empirische Sättigung).

4 Kritisches Fazit

Mit ihrer Studie „Dating-Apps im intersubjektiven Geschehen. Tinder, Grindr und Co. als Optionen der Beziehungsinitiierung" erforschen Matthias Völcker und Kolleg*innen die Intersubjektive Bedeutung von Dating Apps. Die Zahl der Menschen, die online nach Beziehungen suchen, steigt. Deshalb ist die Erforschung von entsprechenden Praktiken, über welche noch wenig bekannt ist, äußerst relevant. Erklärende Interviews sowie der ‚Forschungsstil' der Grounded Theory eignen sich gut für solch exploratives Forschungsvorhaben. Die grundsätzliche Herangehensweise der Autor*innen, von Themenwahl bis Methode, ist folglich angemessen. Trotzdem weist die Studie gravierende Schwächen auf: Ihr konkreter Forschungsgegenstand – nämlich Motive, Darstellungs-, Auswahl- und Kommunikationspraxen von Nutzer*innen – wird erst spät ersichtlich. Die Ergebnisse ähneln größtenteils einer eher deskriptiven Beschreibung als einem empirisch-verankerten Theoriekonstrukt. Sie lassen sich zusätzlich nur begrenzt nachvollziehen, da wichtige Kontextinformationen vorenthalten werden und ein unverständlicher Schreibstil den Lesefluss stört. Durch die sensible Natur des Themas denkbare Limitationen werden unzureichend reflektiert, ebenso forschungsethische Implikationen. Aus diesen Gründen bleibt die Studie hinter dem ‚State of the Art' der qualitativen Sozialforschung zurück.

Retrospektiv lässt sich erkennen: Einige der Unzulänglichkeiten hätten mit einer Verengung der Forschungsfrage vorgebeugt werden können. Da bereits zum Teil empirische Erkenntnisse vorliegen, ist es ohnehin naheliegend, sich auf die selbst erkannte Forschungslücke, also auf „Initiierung, Gestaltung und Entwicklung kommunikativer Prozesse" (DIG, S. 72), zu konzentrieren. Gemäß der Faustregel ‚Qualität vor Quantität' wird so die sorgfältige Ausarbeitung einer empirisch-gesättigten und aussagekräftigen Theorie mittlerer Reichweite vorstellbar. Achten Völcker et al. zusätzlich auf sprachliche Klarheit, Nachvollziehbarkeit und kritischer Selbstreflexion, können sie das volle Potential ihres methodisch-methodologischen Forschungsdesigns ausschöpfen.

5 Literaturverzeichnis

Bäuml, Kilian (2023): Auf Tinder-Match folgt Abzocke. Betrüger nutzen „perfide Methode". In: *Münchner Merkur*, 01.06.2023, https://www.merkur.de/verbraucher/warnung-achtung-betrug-tinder-betrueger-perfider-methode-masche-dating-apps-online-krypto-abzocke-92314416.html, zuletzt geprüft am 01.04.2024.

Grindr (2024): Startseite. Online verfügbar unter https://www.grindr.com/, zuletzt geprüft am 18.03.2024.

Harms, Frederik (2024): Online-Dating. Daten und Fakten zur Partnersuche über das Internet. Hg. v. Statista. Online verfügbar unter https://de.statista.com/themen/885/online-dating/#topicOverview, zuletzt aktualisiert am 28.02.2024.

Langer, Phil C. (2014): Zum Umgang mit Intimität im Forschungsprozess. Forschungsethische Implikationen des Sprechens über Sexualität in Peer Research. In: Hella von Unger, Petra Narimani und Rosaline M'Bayo (Hg.): Forschungsethik in der qualitativen Forschung. Reflexivität, Perspektiven, Positionen. Wiesbaden: Springer VS, S. 169–190.

Mitternacht, Kerstin (2022): Der Tinder-Swindler und seine Maschen. In: *Frankfurter Allgemeine Zeitung*, 27.03.2022. Online verfügbar unter https://www.faz.net/aktuell/gesellschaft/menschen/wie-der-toxische-tinder-swindler-seine-opfer-reingelegte-17909214.html, zuletzt geprüft am 21.03.2024.

Schmidt-Lux, Thomas; Wohlrab-Sahr, Monika (Hg.) (2020): Zeitschrift für Qualitative Forschung 21(1). Opladen, Berlin, Toronto: Barbara Budrich. Online verfügbar unter https://www.budrich-journals.de/index.php/zqf/article/download/11132/9637&ntb=1, zuletzt geprüft am 14.03.2024.

Steinke, Ines (2010): Gütekriterien qualitativer Forschung. In: Ines Steinke, Uwe Flick und Ernst von Kardorff (Hg.): Qualitative Forschung. Ein Handbuch. 8. Aufl. Reinbek: Rowohlt (rowohlts Enzyklopädie), S. 319–331.

Strübing, Jörg (2014): Grounded Theory. Zur sozialtheoretischen und epistemologischen Fundierung eines pragmatistischen Forschungsstils. 3. Aufl. Wiesbaden: Springer VS.

Strübing, Jörg; Hirschauer, Stefan; Ayaß, Ruth; Krähnke, Uwe; Scheffer, Thomas (2018): Gütekriterien qualitativer Sozialforschung. Ein Diskussionsanstoß. In: *Zeitschrift für Soziologie* 47 (2), S. 83–100.

Unger, Hella von (2014): Forschungsethik in der qualitativen Forschung. Grundsätze, Debatten und offene Fragen. In: Hella von Unger, Petra Narimani und Rosaline M'Bayo (Hg.): Forschungsethik in der qualitativen Forschung. Reflexivität, Perspektiven, Positionen. Wiesbaden: Springer VS, S. 15–39.

Unger, Hella von (2018): Forschungsethik, digitale Archivierung und biographische Interviews. In: Helma Lutz, Martina Schiebel und Elisabeth Tuider (Hg.): Handbuch Biographieforschung. Wiesbaden: Springer VS, S. 681–693.

Völcker, Matthias; Landeck, Sascha; Poltze, Katharina; Schreck, Melanie; Heinemeyer, Denise (2020): Dating-Apps im intersubjektiven Geschehen. Tinder, Grindr und Co. als Optionen der Beziehungsinitiierung. In: *ZQF* 21 (1), S. 69–85. DOI: 10.3224/zqf.v20i2.05.